Lukas,

der

Träumer

Lucien-Guy und Claude-Rose Touati
Corderoc'h

übertragen von
Maria L. Bamberger

BREITSCHOPF

Lukas ist verschwunden! Nirgendwo ist er
zu finden. Und das um drei! Lukas soll
doch um halb vier Uhr schon...

„Lukas, wo bist du?" ruft die Mutter. Sie
hat das Haus durchsucht und war im
Garten. Zum dritten Mal schaut sie ins
Kinderzimmer. Hier aber sieht es aus, als
spielte selbst der Teddy heut Verstecken.
Lukas ist nicht hier. Die Mutter seufzt: „In
Luft scheint er sich aufgelöst zu haben!"
Dabei ist Lukas wirklich nicht aus Luft.
Er ist ein fester, kleiner Junge, sieben Jahre
alt, mit struppig braunem Haar.

Bei Frau Bertini soll er um halb vier Uhr
sein. Zur Flötenstunde. Sie wohnt in
Niederwiesen. Eine halbe Stunde braucht
man bis dorthin.
Natürlich kann man schneller dort sein, wenn
man sich beeilt. Aber Lukas kann sich nicht
beeilen, weiß die Mutter. Er träumt lieber. Und
das braucht Zeit. Denn Träume sind wie
Seifenblasen – so zerbrechlich. Man muß
sie fliegen lassen. Eine Weile steht die
Mutter ratlos...

Doch halt! Lukas könnte in der Hütte
hinten im Garten sein! Dort ist er gern
der Kapitän Tortonok. Der starke, tapfere,
der zu den Sternen reist und Feinde auf
dem Weg beherzt besiegt!

Und wirklich hört die Mutter schon, als sie auf die Hütte zugeht: „Hallo, hallo, hier Kapitän Tortonok. Ich empfange jetzt auf 5 Strich 5. Sprechen Sie!"

Die Mutter duckt sich hinter einen Strauch. „Hallo, hallo", ruft sie, „hier Planet Mutter! Sie müssen doch zur Flötenstunde, Kapitän! Beeilen Sie sich bitte!"

Erstaunt schaut Lukas aus der Hütte. „Mama, das bist ja du! Ach ja, die Flötenstunde!"

„Schnell, schnell, mein kleiner Träumer! Nimm deine Tasche und fort mit dir!"

Lukas läuft zur Mutter, klatscht einen
Kuß auf ihre Wange, holt Tasche und
Flöte und läuft. Noch von weitem hört man
ihn rufen: „Tortonok, los jetzt, schnell!"

Die einzige gefährliche Stelle auf dem Weg
nach Niederwiesen ist eine Kreuzung. Dann
führt der Weg durch einen schattigen Wald
uralter Bäume. Lukas pfeift vor sich hin.
Plötzlich hat er Lust zu einem Luftsprung.

Und schon ist er wieder Kapitän Tortonok,
der sich gerade auf einer geheimen Mission
zu einem fremden Stern befindet! Und der
darauf gefaßt sein muß, mit den wilden
Wesen dort, den Tyranniern, zu kämpfen.

Oh, da richtet sich schon ein Tyrannier mitten
auf dem Wege vor ihm auf. Das Ungeheuer
stößt einen fürchterlichen Schrei aus. Dabei
sieht man seine rote Kehle und die scharfen
Zähne. Mit einem Satz wirft Lukas Tasche
und Flöte weg und sucht sich einen Stock.
Der verwandelt sich in seiner Hand sofort
zu einem Schwert.
„Zu mir her, meine Brüder", ruft der Tyrannier,
„kämpfen wir gemeinsam gegen Kapitän
Tortonok."
Es ist ein erbitterter Kampf. Aber Kapitän
Tortonok besiegt die Tyrannier. Heldenhaft
besiegt er sie! Er springt herum und ruft:
„Ich hab' gewonnen, ich bin der Sieger!"

Plötzlich hält er inne: „Ach, die Flötenstun=
de! Die hab' ich ganz vergessen."
Er hebt die Tasche auf und greift hinein.
Hat er noch...? „Oh, ich habe das Geld ver=
loren!" schreit er dann, „das Geld für Frau
Bertini! Das muß im Kampf geschehen sein."

Lukas sucht den Boden ab: Nichts! Lukas
spürt, wie ihm die Tränen in die Augen
steigen. Immer wieder greift er in die Tasche:
Nichts!
Er wagt gar nicht daran zu denken, was
seine Eltern sagen werden... Auch wird er
nun zu spät zur Flötenstunde kommen.
Schweren Herzens setzt er seinen Weg nach
Niederwiesen fort.

Als er zu Frau Bertini kommt, sitzt sie grade am Klavier und spielt. Sie macht ihm ein Zeichen, sich zu setzen.

„Da bist du ja, Lukas!" sagt sie dann freundlich. „Sogar zu früh bist du heut dran!" Lukas wundert sich über die Zerstreutheit der alten Dame. Aber die kommt ihm jetzt sehr gelegen.

„Gut", meint sie, „fangen wir an! Du hast doch deine Flöte nicht vergessen?"

„Nein, ich hab' sie mit", sagt Lukas. Er fürchtet sich davor, daß sie hinzusetzt: „Und auch das Geld nicht, Lukas?" Doch daran scheint sie nicht zu denken.

Frau Bertini spielt eine Melodie auf dem
Klavier und bittet Lukas, zuzuhören.
Gewöhnlich fühlt sich Lukas wohl, wenn er
bei Frau Bertini ist. Er mag sie, und er
mag die Melodien, die sie ihn zu spielen
lehrt. Heute dauert es lange, bis er seinen
Kummer vergißt. Endlich fühlt er ungetrübte
Freude an den Tönen seiner Flöte.
Doch am Schluß der Stunde hat die Angst
ihn wieder eingeholt. Er steht auf. Jetzt wird sie
nach dem Geld fragen, denkt er. Aber in
diesem Augenblick läutet das Telefon. Frau
Bertini verabschiedet Lukas und hebt den
Hörer ab. Lukas packt seine Sachen und ruft:

„Dann bis nächsten Mittwoch!" Und
draußen ist er und ist ganz glücklich,
daß sie vergaß, nach dem Geld zu fragen.

Auf dem Heimweg aber wird er wieder traurig. Ob das wohl gut ausgeht, denkt er. Ob Frau Bertini sich nicht doch erinnern wird, daß er ihr dieses Mal kein Geld gegeben hat? Doch den Eltern alles zu gestehen könnte ihn das Taschengeld von Wochen kosten.

Jetzt kommt Lukas zu dem Platz, auf dem er die Tyrannier besiegte. Trotz seiner Sorgen muß er lächeln. Ja, Kapitän Tortonok hat sich wie ein Held geschlagen!

Doch was ist das? Schaut da nicht einer
hinter einem Baum hervor? Und dort ein
anderer? Nein, denkt Lukas, nein! Jetzt will
er nicht mehr kämpfen.
Aber dann sieht er sein Schwert und – greift
nach ihm! Und da kommen sie auch schon
heran, die Unholde! Lukas wehrt den ersten
ab. Doch gleich greift schon der nächste an,
und Lukas fühlt: Jetzt sind sie die Stärkeren!
Und einer ruft ihm zu: „Heut kriegen wir
dich, Kerl! Du bist ja gar kein Held! Du bist
ein Schwächling!"
Merkwürdig, als sie das rufen, fühlt Lukas
sich beschämt: Sie haben recht! Er ist ein
Schwächling, weil er nämlich – ja – ja des=
wegen – weil er in der Sache mit dem Geld
einen feigen Ausweg wählen wollte.

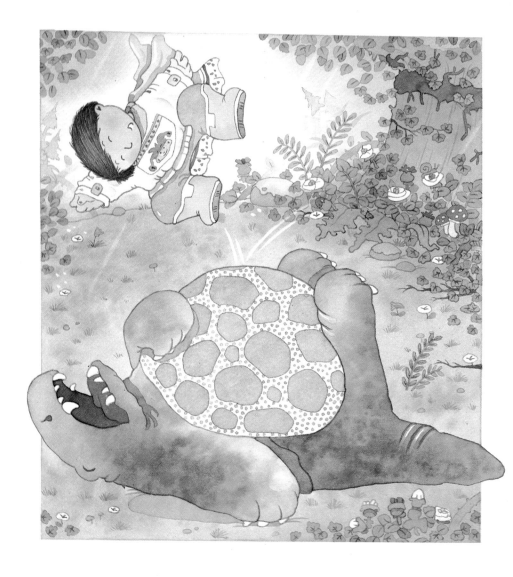

Und plötzlich ballt sich Zorn in ihm. Er
schwingt das Schwert und – tritt den Un-
holden entgegen. „Ich feig? Ich werd' nach
Hause gehn und sagen, daß ich das Geld
verloren habe! Ich fürcht' mich nicht! Ich
bin Tortonok!" Und wieder stellt er sich dem
Feind – und wieder! – und schlägt die Böse=
wichter in die Flucht!

Lukas atmet tief. Dann läuft er heim –
schnurstracks! Nur jetzt nicht zögern! Nur
tun, was er sich vorgenommen hat!

Als er heimkommt, duftet es ganz herrlich
aus der Küche. Denn Mutter nimmt soeben
einen Kuchen aus dem Backrohr. Oje, von
dem wird es kein Stück heut für ihn geben,
fürchtet Lukas.
„Mama", murmelt er, und dann – er wollte
sich doch tapfer zeigen – sagt er laut:
„Ich habe was verloren, Mama."

„Was hast du verloren?" fragt Mutter erschrocken.

„Ich hab' das Geld verloren, das du mir gegeben hast – das für die Flötenstunde."

„Das Geld, das ich dir gegeben habe?" Mutter lächelt. „Lukas, mein kleiner Träumer! Ich habe dir doch gar kein Geld gegeben. Ich habe Frau Bertini gestern in der Stadt getroffen, und da habe ich ihr deine Stunde gleich bezahlt. Entschuldige! Ich hätte es dir sagen sollen."

Lukas starrt die Mutter an - eine ganze Weile!
„Oh", ruft er dann, und das klingt richtig
glücklich.
Mutter fragt ihn zärtlich: „Glaubst du, daß
der Kapitän Tortonok Kuchen mag?"
„Ja! Bestimmt! Der Kapitän Tortonok hat
jetzt Hunger! Einen riesengroßen Hunger!"

Denn Tortonok hat sich gut geschlagen! Wie gut, daß er sich gut geschlagen hat, denkt Lukas. Denn wenn er auch das Geld gar nicht verloren hat: wenn niemand mehr davon gesprochen hätte, er hätte immer von Tortonok glauben müssen, daß er feige ist. Nein! Kapitän Tortonok ist kein Feigling!